Acknowledgements and Copyright Laws

Lizard Learning Pty Ltd
GPO Box 1941, Brisbane, Queensland, 4001
ABN: 13 158 235 333
www.lizardlearning.com

Copyright © Lizard Learning 2017

Publisher: Lizard Learning Pty Ltd
Content Writers: Cindy Holmberg-Smith, Sue Okely
Content Editors: Cindy Holmberg-Smith, Sue Okely
Digital Formatter: New Wave Design
Cover Design: New Wave Design
Illustrators: New Wave Design, Aleisha Coffey, Book Cover Cafe, Trevor Salter
Project Managers: Cindy Holmberg-Smith

Reproduction and communication for other purposes
Except as permitted under the Act (for example a fair dealing for the purposes of study, research, criticism, or review), no part of this book may be reproduced, stored in a retrieval system, communicated or transmitted in any form or by any means without prior written permission. All enquiries should be made to the publisher at the address above.

Blackline Master - This master may only be reproduced by the original purchaser for use with their class. The publisher prohibits the loaning or onselling of the master for purposes of reproduction.

All rights reserved.

ISBN: 978-1-925509-65-6

Search for these BEE words that go forwards, backwards, up, down & diagonally.

- bee
- buzz
- flower
- honey
- hive
- pollen

S	H	E	V	E	F	N
H	O	V	E	Z	L	E
O	W	I	O	B	O	L
N	O	H	U	E	W	L
E	Y	Z	O	L	E	O
Y	Z	E	E	B	R	P

Use the COLOUR words in the crossword.

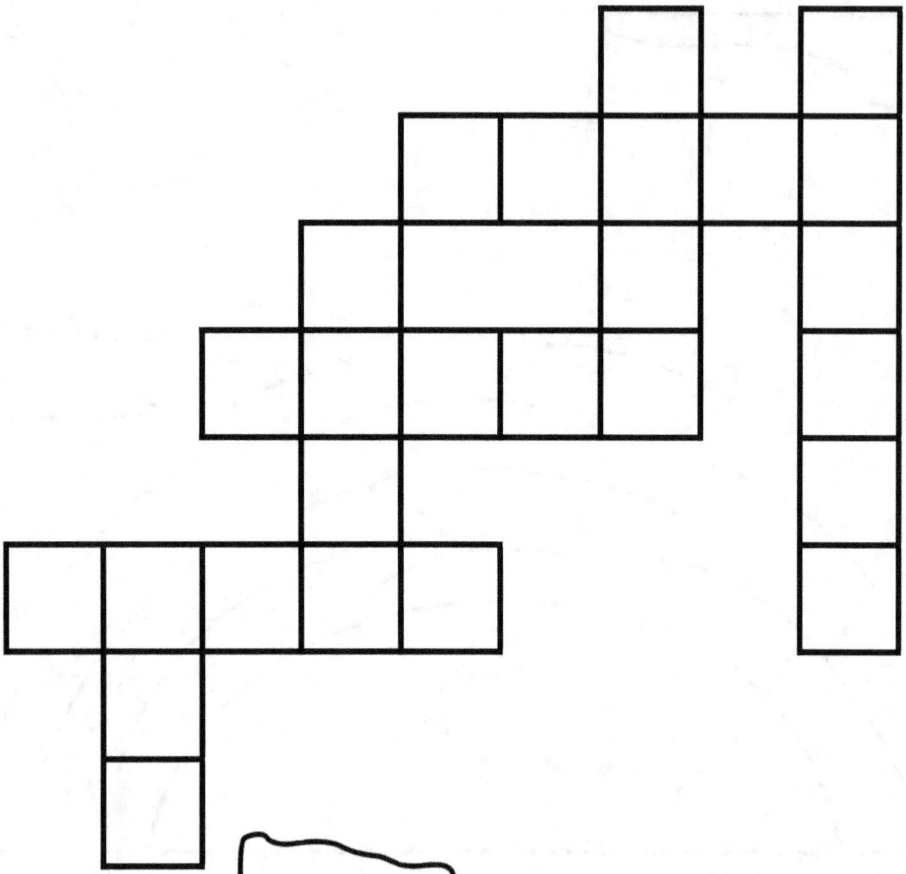

- blue
- black
- green
- pink
- red
- white
- yellow

ADD YOUR OWN DRAWINGS AND THEN COLOUR ME IN

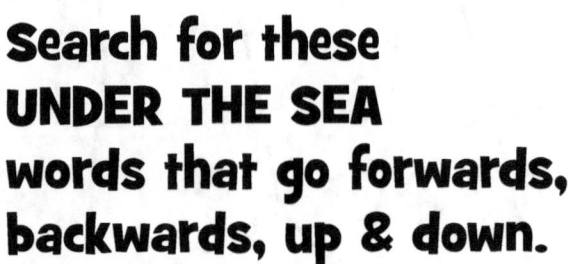

Search for these UNDER THE SEA words that go forwards, backwards, up & down.

C	L	L	E	H	S	O
B	F	I	S	H	H	P
A	A	E	K	A	A	R
R	S	E	A	L	R	D
C	E	L	B	A	K	W
I	O	W	H	A	L	E

- fish
- crab
- sea
- shell
- shark
- whale

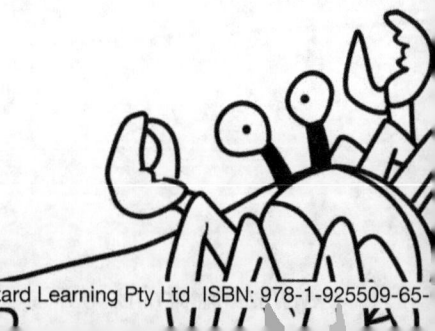

ADD YOUR OWN DRAWINGS AND THEN COLOUR ME IN

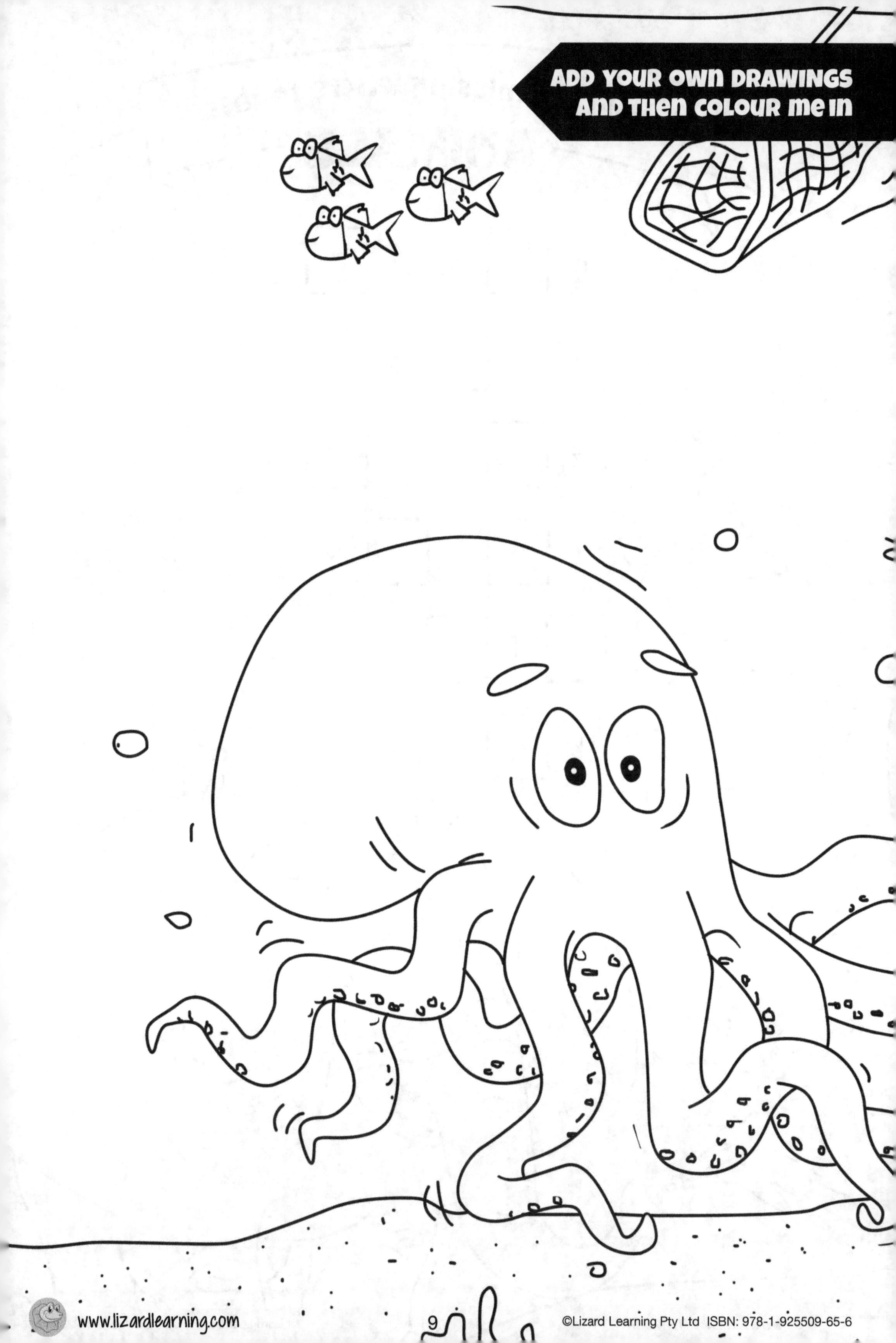

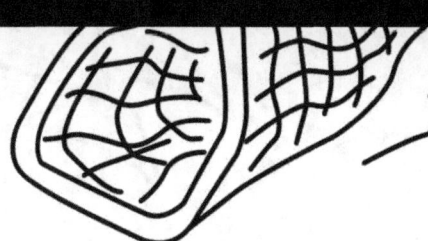

Use the LET'S GO words in the crossword.

- bike
- boat
- car
- plane
- rocket
- truck

Search for these FROG words that go forwards, backwards, up & down. Letters can be used more than once.

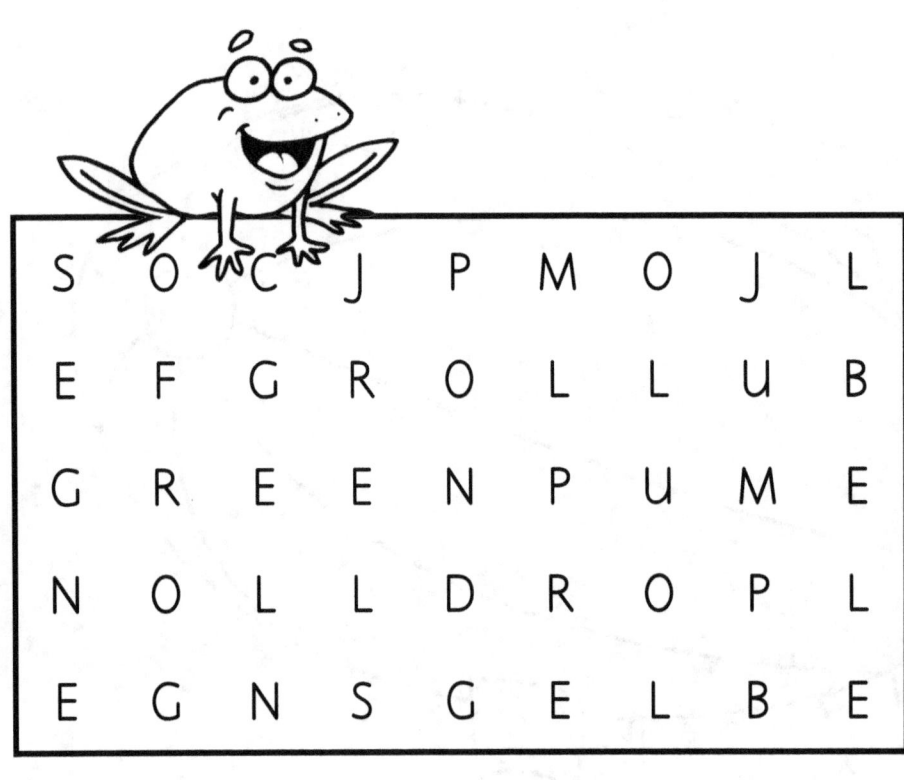

S	O	C	J	P	M	O	J	L
E	F	G	R	O	L	L	U	B
G	R	E	E	N	P	U	M	E
N	O	L	L	D	R	O	P	L
E	G	N	S	G	E	L	B	E

- bull
- frog
- green
- jump
- legs
- pond

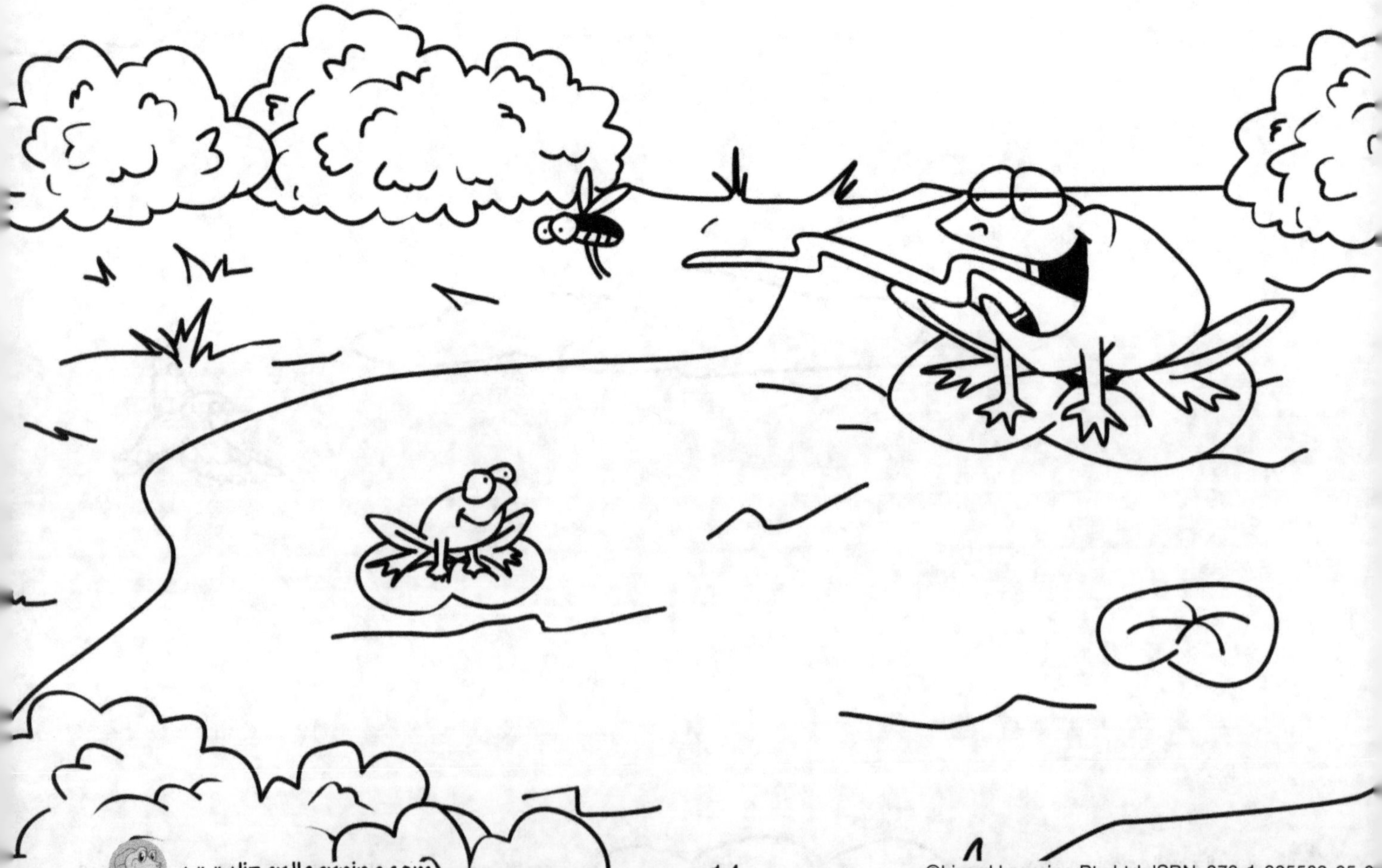

Unjumble these NUMBER words.

u r o f

h r e t e

e v f i

n o e

i x s

Use these PENGUIN words in the crossword.

- slides
- black
- snow
- cold
- swims
- fish
- white
- ice

COLOUR ME IN!

Search for these CAT words that go forwards, backwards, up and down and diagonally.

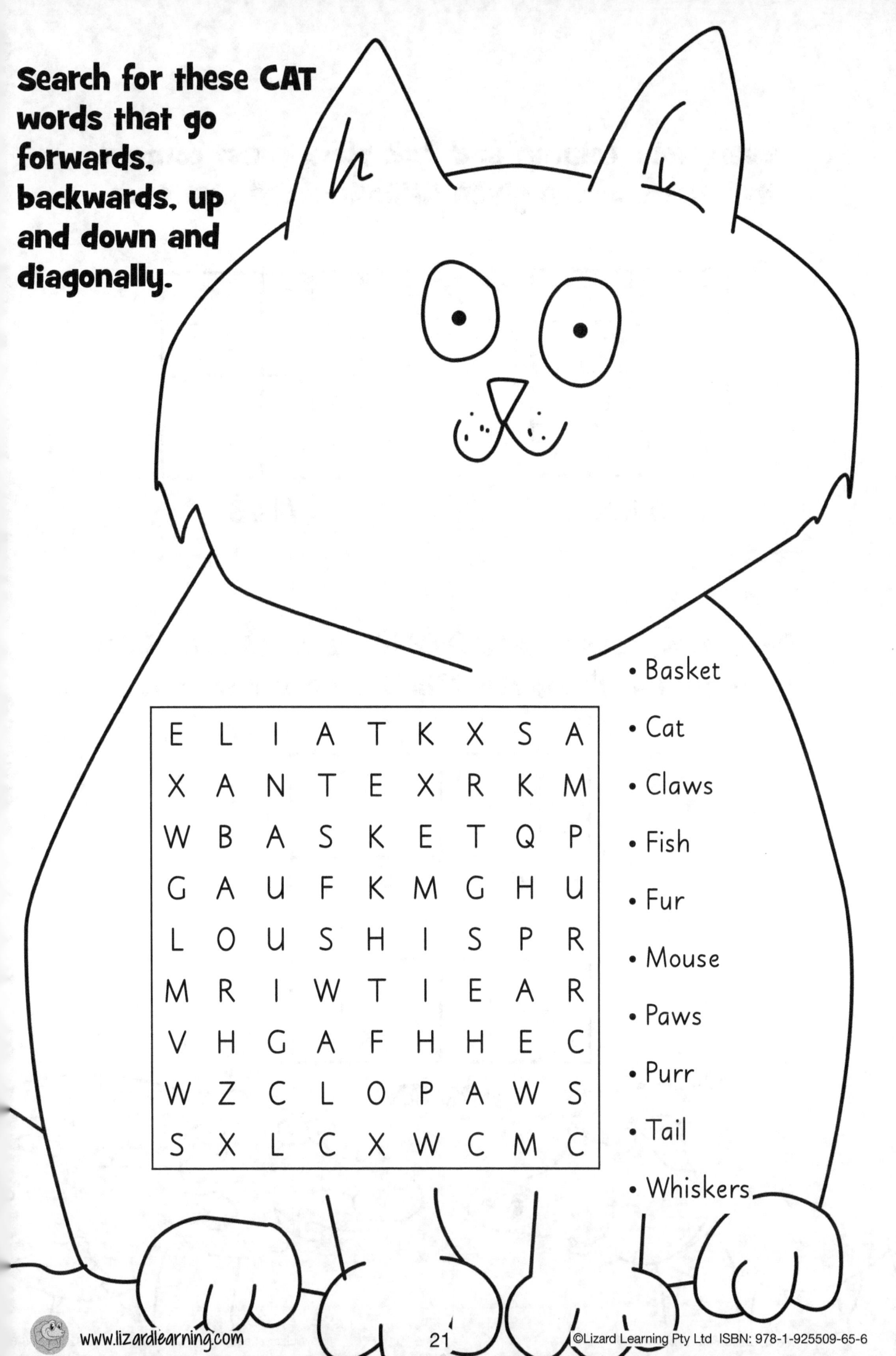

E	L	I	A	T	K	X	S	A
X	A	N	T	E	X	R	K	M
W	B	A	S	K	E	T	Q	P
G	A	U	F	K	M	G	H	U
L	O	U	S	H	I	S	P	R
M	R	I	W	T	I	E	A	R
V	H	G	A	F	H	H	E	C
W	Z	C	L	O	P	A	W	S
S	X	L	C	X	W	C	M	C

- Basket
- Cat
- Claws
- Fish
- Fur
- Mouse
- Paws
- Purr
- Tail
- Whiskers

Every row, column and 2x2 block must contain the letters of the given ANIMAL word just once.

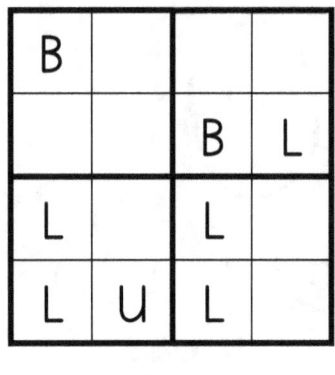

BULL   **PIGS**

Every row, column and 3x2 block must contain the letters of the given ANIMAL word just once.

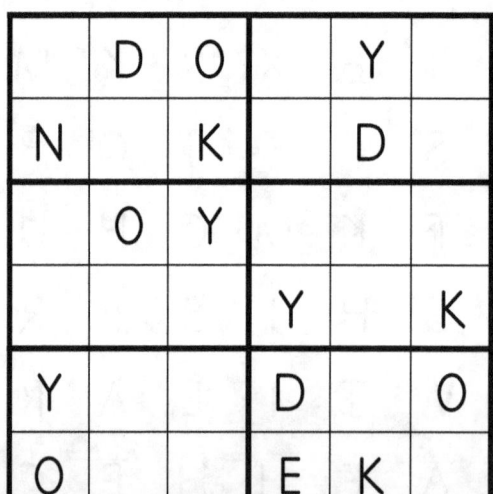

DONKEY

Use these BIRTHDAY words in the crossword.

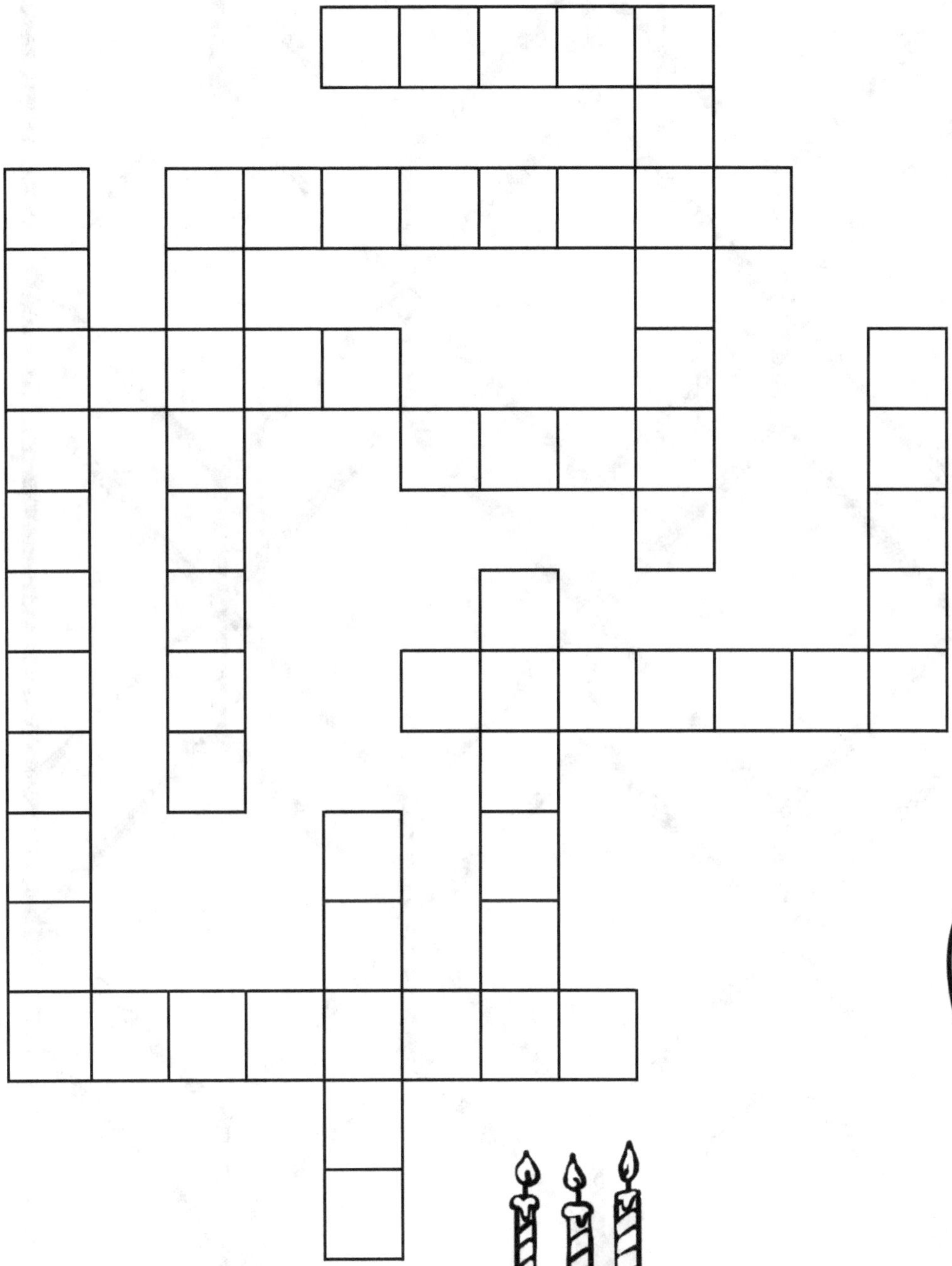

- Balloons
- Birthday
- Cake
- Candles
- Cards
- Decorations
- Friends
- Games
- Music
- Party
- Surprise
- Treats

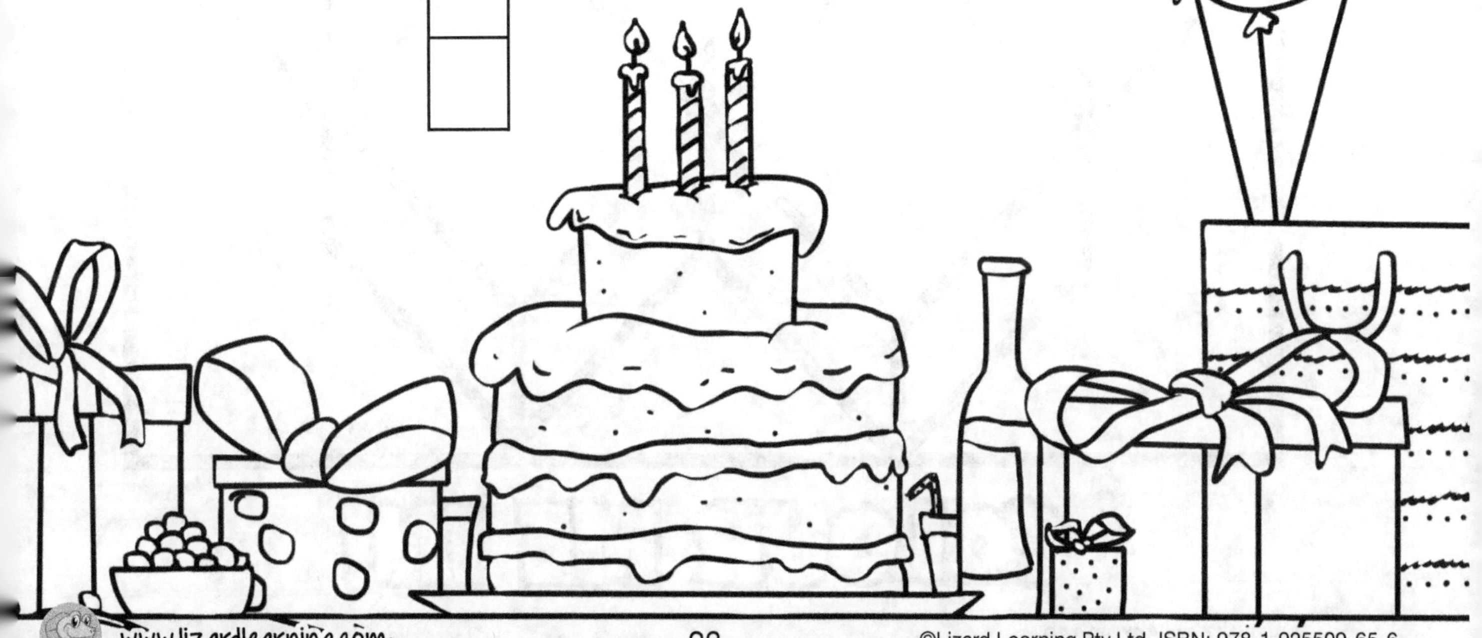

COLOUR ME IN!

Search for these CHRISTMAS words that go forwards, backwards, up and down and diagonally.

```
Q X K H O L L Y O P
F A M I L Y P B J U
T I N S E L H T W D
S A M T S I R H C D
L Y C R E G B A H I
O A O C L H H R A N
R J T T B T L E N G
A V V N U S A E G B
C F A K A Y Q R E J
C R E P B S L T L V
```

- Angel
- Baubles
- Carols
- Christmas
- Family
- Holly
- Lights
- Pudding
- Santa
- Tinsel
- Toys
- Tree

COLOUR ME IN!

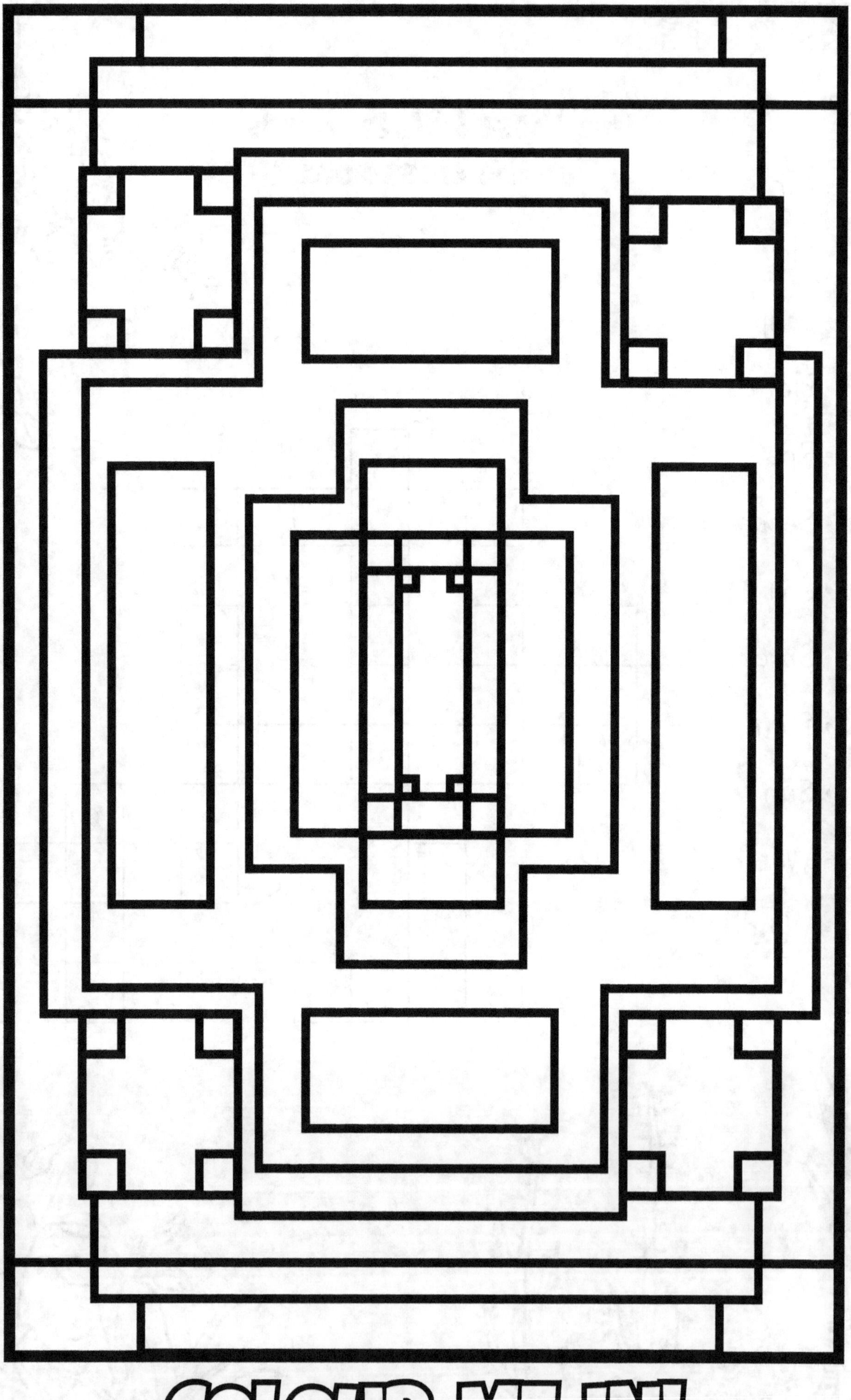

COLOUR ME IN!

Search for these CIRCUS words that go forwards, backwards, up and down and diagonally.

- Acrobat
- Big Top
- Clown
- Circus
- Highwire
- Juggler
- Magic
- Ring Master
- Tightrope
- Trapeze

```
C T A B O R C A C R
T I G H T R O P E M
R A R S C I R T K E
A M P C O A S I N R
P R G T U A A W O I
E S W T M S O G G W
Z J U G G L E R L H
E R N C C I G A M G
R I N I O M S A S I
R V B I G T O P M H
```

COLOUR ME IN!

Use these ZOO ANIMAL words for the crossword.

- Bear
- Camel
- Elephant
- Giraffe
- Lion
- Monkey
- Panda
- Penguin
- Seal
- Snake
- Tiger
- Zebra

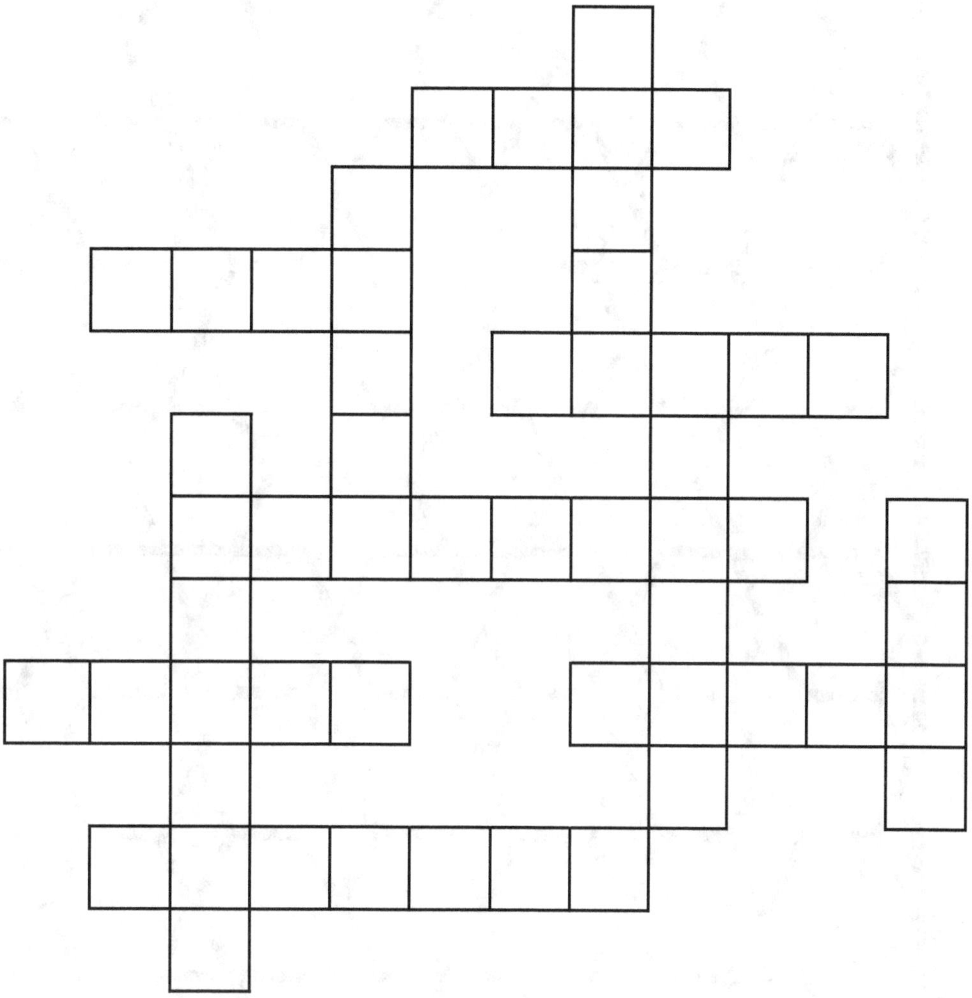

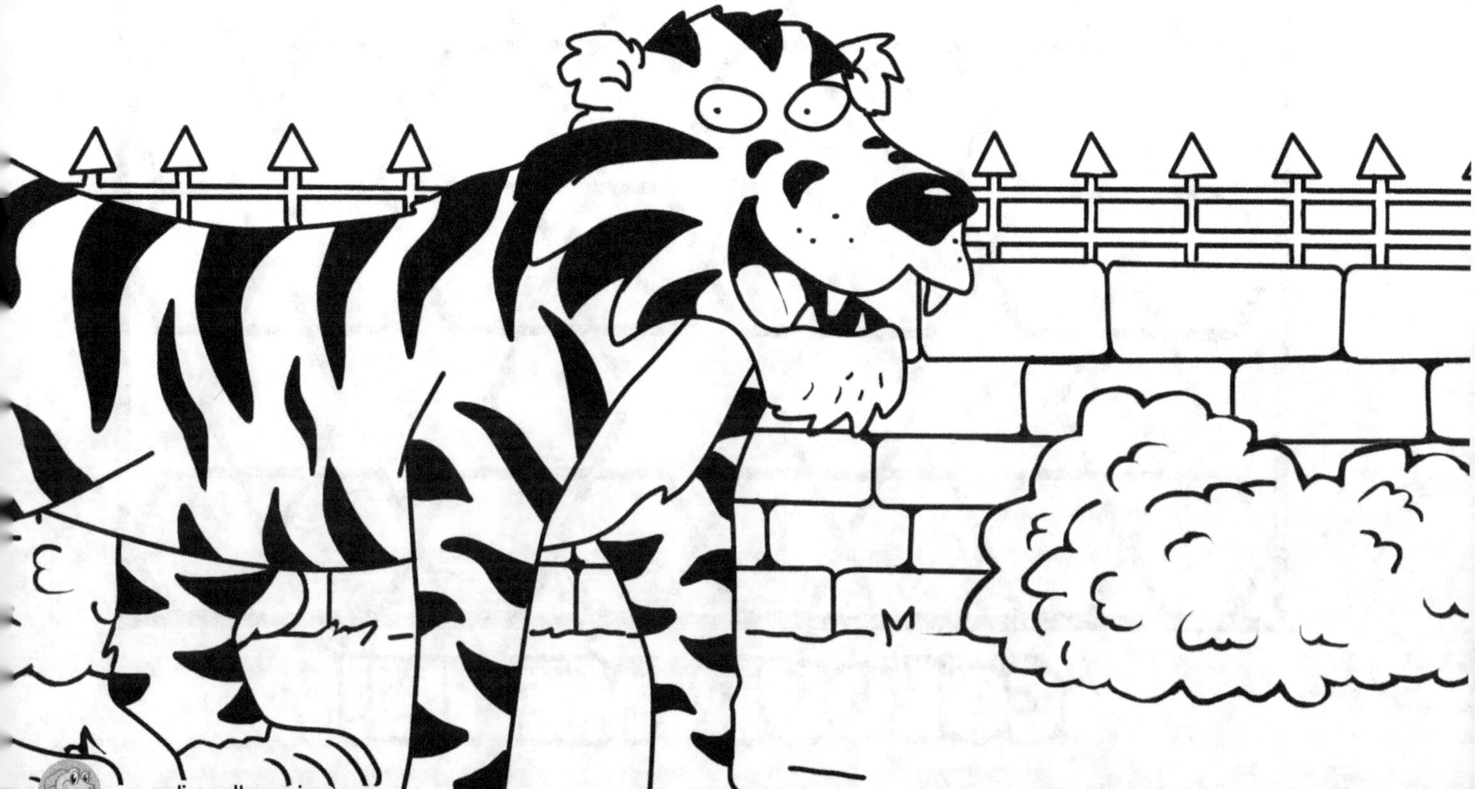

©Lizard Learning Pty Ltd ISBN: 978-1-925509-65-6

COLOUR ME IN!

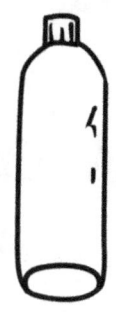

Search for these RECYCLE words that go forwards, backwards, up and down and diagonally.

- Clean
- Compost
- Garbage
- Glass
- Green
- Landfill
- Paper
- Plastic
- Pollution
- Recycle
- Reduce
- Reuse
- Waste

```
P L A S T I C H I E
C O M P O S T A L G
S R L W A C Y C I A
M E W L W P Y E E B
S D A R U C E A C R
S U S O E T P R L A
A C T R M U I N E G
L E E X C B S O A B
G R E E N G R E N F
P Y L L I F D N A L
```

Every row, column and 2x2 block must contain the letters of the given COLOUR word just once.

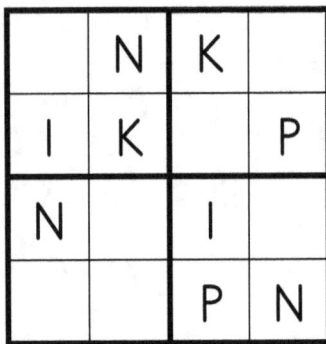

PINK

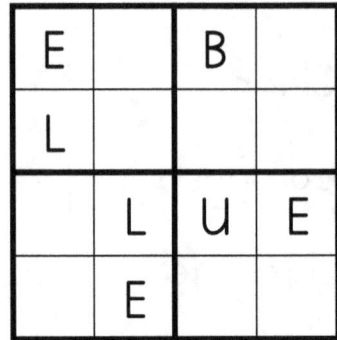

BLUE

Every row, column and 3x2 block must contain the letters of the given COLOUR word just once.

ORANGE

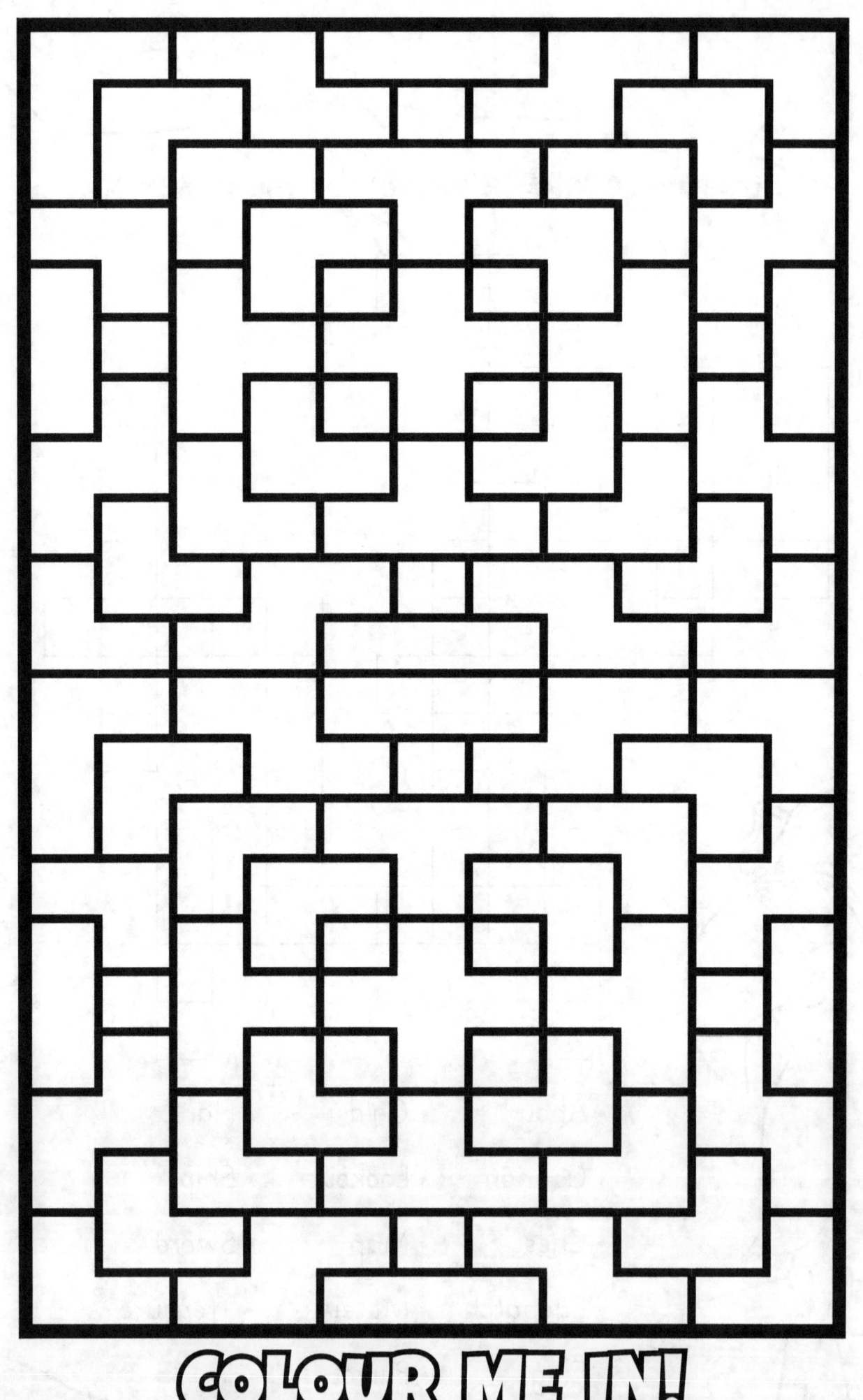

COLOUR ME IN!

Search for these SPACE words that go forwards, backwards, up and down and diagonally.

- Blast Off
- Earth
- Galaxy
- Mars
- Moon
- Orbit
- Planet
- Rocket
- Space
- Sun
- Telescope

C	G	O	H	T	R	A	E	D	G
V	F	C	R	K	U	G	K	T	A
N	G	F	J	B	S	V	E	C	L
W	O	A	O	T	I	L	Q	Z	A
S	B	O	T	T	E	T	T	P	X
Z	P	Z	M	S	S	K	L	V	Y
A	I	A	C	C	P	A	C	M	G
E	R	O	C	Y	N	O	L	O	B
S	P	T	H	E	U	H	S	B	R
E	W	N	T	D	S	U	B	W	S

- Clear
- Clouds
- Cyclone
- Dew
- Drizzle
- Hail
- Icy
- Mist
- Snow
- Sunshine
- Thunder
- Wind

Use these WEATHER words in the crossword.

**Search for these GEOMETRIC SHAPE words that go forwards, backwards, up and down and diagonally.
Letters can be used more than once.**

```
N M A G R A M P Y A L L T R Y N
S S C L T E L E R H T E C B O N
Q U Y E L H C N O G A X E H D E
E B L U S U M T R A P E Z O I D
L M I L B U D A A S A L N V A D
C O N E B E A G E N C O T A M O
L H D L L T P O L Y G O N L O N
E R E C L A R N L A O L V A N L
S E R A U Q S S T X N O E G D E
U I N D E R U C E L G N A I R T
C R M A R G O L E L L A R A P L
```

- Circle
- Cone
- Cube
- Cylinder
- Diamond
- Hexagon
- Octagon
- Oval
- Parallelogram
- Pentagon
- Polygon
- Rectangle
- Rhombus
- Square
- Trapezoid
- Triangle

COLOUR ME IN!

Use these FRUIT words in the crossword.

- Apple
- Apricot
- Banana
- Cherry
- Cranberry
- Date
- Figs
- Grapes
- Kiwi
- Lemon
- Lime
- Lychee
- Mandarin
- Nectarine
- Orange
- Peach
- Pineapple
- Plum
- Strawberry

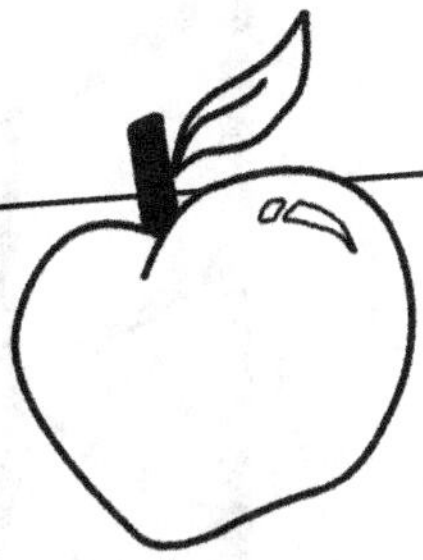

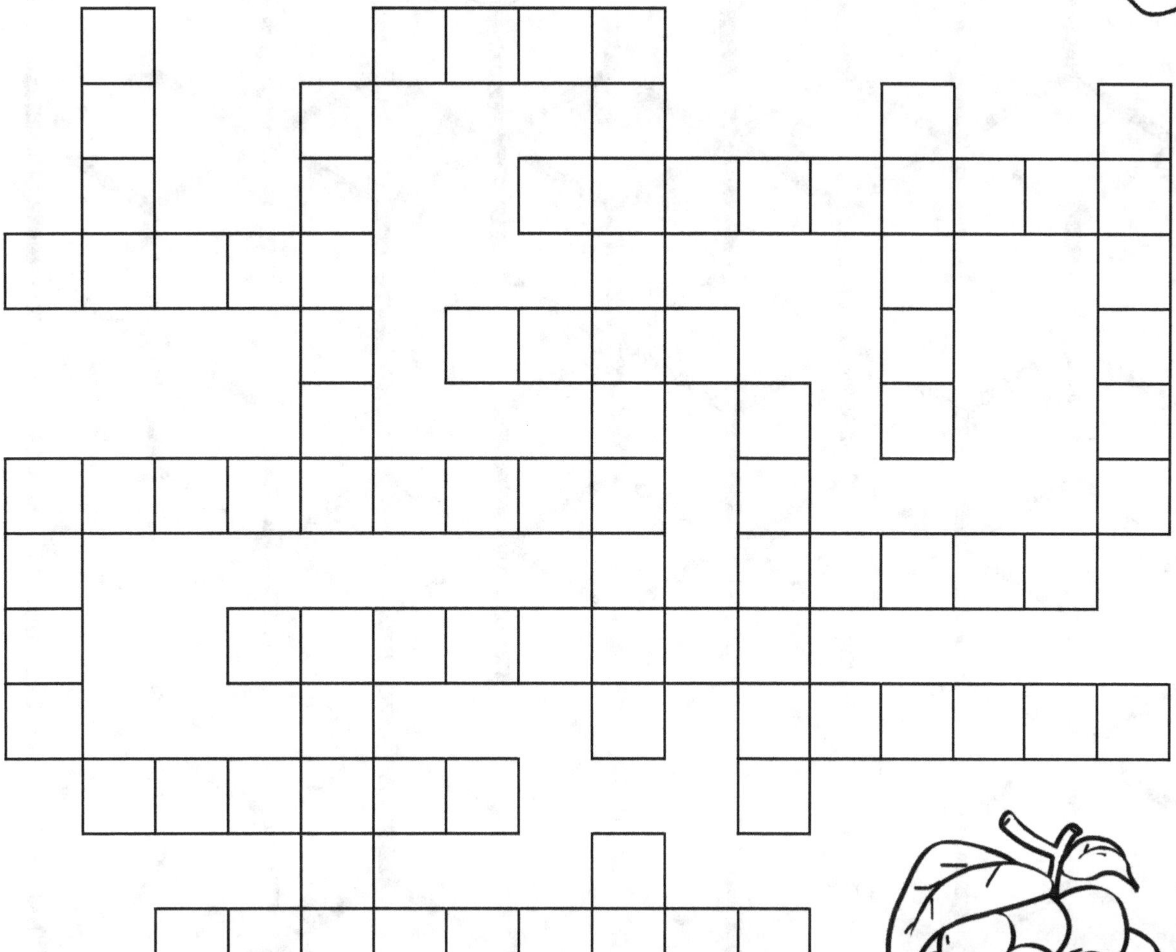

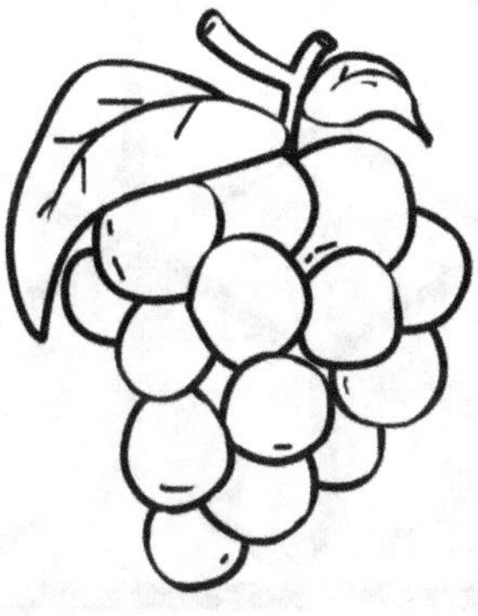

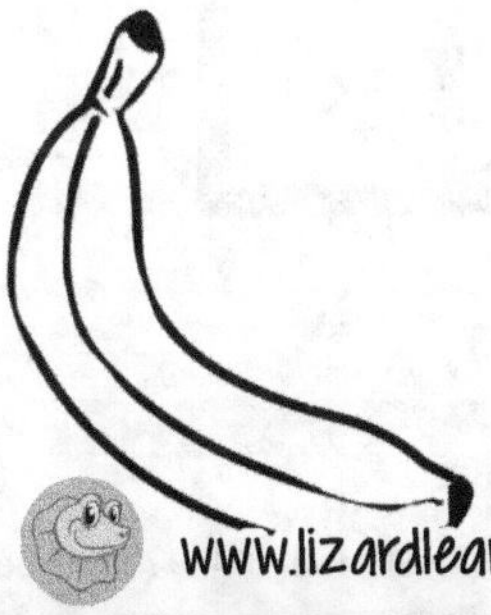

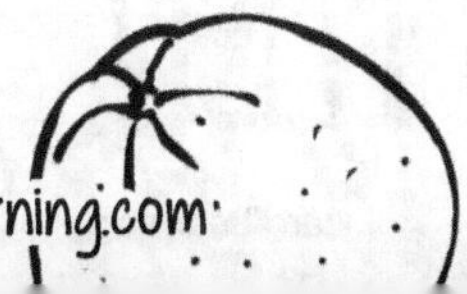

COLOUR ME IN!

Use these WORLD CAPITAL CITY words in the crosswords

- Algiers
- Athens
- Beijing
- Berlin
- Bern
- Dublin
- Havana
- Kabul
- Lima
- London
- Madrid
- Paris
- Prague
- Reykjavik
- Rome
- Santiago
- Seoul
- Sofia
- Vienna
- Zagreb

Every row, column and 3x2 block must contain the letters of the given OCEAN word just once.

LAUNCH

U	A				
H	C		L		
		H	A	C	
		L	A	H	
		H		A	N
				U	H

DINGHY

	D	Y	N	I	
	I		Y		
N	I				
				N	G
			I		N
	N	D	G	H	

Every row, column and 3x3 block must contain the letters of the given OCEAN word just once.

SUBMARINE

I				M				B
M		N	R					U
				N	S		A	
R					I		M	
	S		B			A		
		E		A				
					B			A
	B	E	U	A			I	M
		R		I	M		N	

Search for these TENNIS words that go forwards, backwards, up and down and diagonally. Letters can be used more than once.

```
T A P L O P E N T A G
S S O L Y E V R E S A
P I I T R E A G A T M
L N N E L J A L O V E
A G T U I T V U N D R
Y L S Q N O R J O E E
H E P A E N Q U I R Y
C S V R A T B D O O A
T D O M S L E G S C L
A C E U E C U E D S P
M N S H T E N N I S E
T L U A F C B A L L S
```

- Ace
- Advantage
- Balls
- Court
- Deuce

- Double
- Fault
- Game
- Line
- Loss
- Love
- Match

- Net
- Out
- Play
- Player
- Points
- Score

- Serve
- Set
- Singles
- Tennis
- Tournament

COLOUR ME IN!

Use these COMPUTER words in the crossword.

- Computer
- Close
- Cursor
- Edit
- Folders
- Font
- Icons
- Internet
- Keys
- Keyboard
- Memory
- Modem
- Mouse
- Networks
- Open
- Pointer
- Printers
- Quit
- Reboot
- Save
- Screen
- Search
- Shutdown
- Software

COLOUR ME IN!

Search for these PIZZA TOPPINGS words that go forwards, backwards, up and down and diagonally. Letters can be used more than once.

```
M O O R H S U M T O M I H P
C S P I N A C H Z O E L A A
M E A T B A L L Z S M H E F
O I M L L S L Z E S E A O M
I V E L P P A E N I P O T N
N O C A B R H U S E V I L O
O H C N E C A P S I C U M I
N C A L E M O O H A L L B N
B N L M F U N S E E G A S O
C A N O I N O R E P P E P N
```

- Anchovies
- Bacon
- Beef
- Capsicum
- Cheese
- Ham
- Meatball
- Mozzarella
- Mushroom
- Olives
- Onion
- Pepperoni
- Pineapple
- Sausage
- Spinach
- Tomato

COLOUR ME IN!

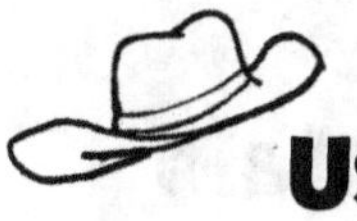

Use these HAT words in the crossword.

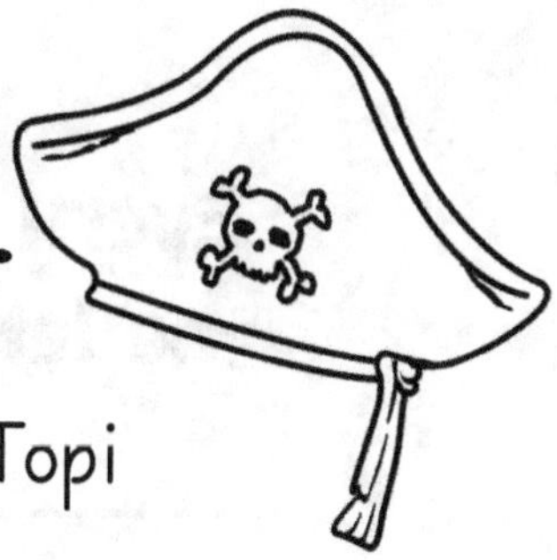

- Beret
- Boater
- Bonnet
- Bowler
- Busby
- Cap
- Deerstalker
- Derby
- Fedora
- Helmet
- Kepi
- Panama
- Porkpie
- Sombrero
- Stetson
- Topi
- Top Hat
- Tricorn
- Trilby
- Turban

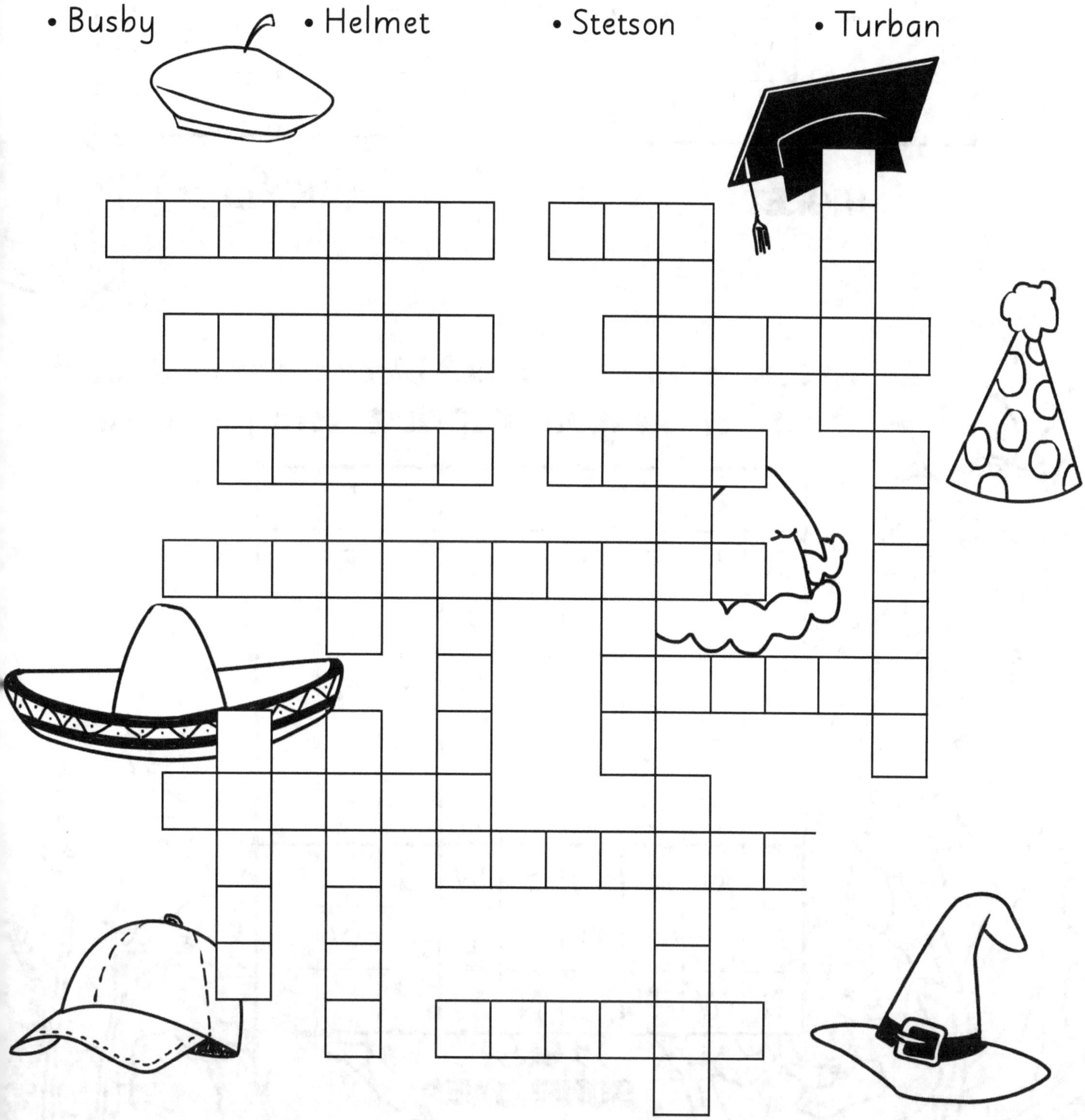

Every row, column and 3x2 block must contain the letters of the given FLOWER word just once.

	V	I		T	
O		L		V	
	I	T			
			T		L
T			V		I
I			E	L	

VIOLET

C	R				
D	I				O
		D	R		I
	O	R	D		
		D		R	H
				C	D

ORCHID

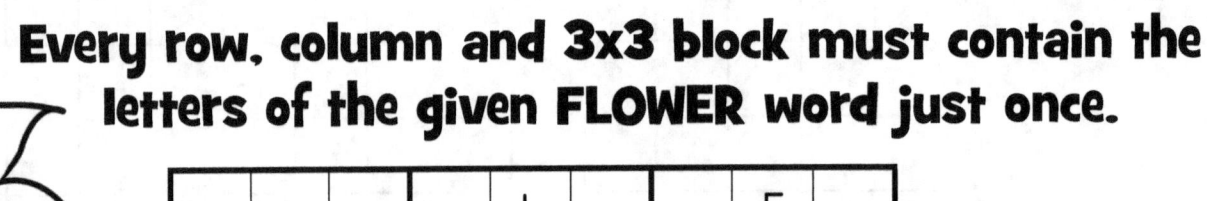

Every row, column and 3x3 block must contain the letters of the given FLOWER word just once.

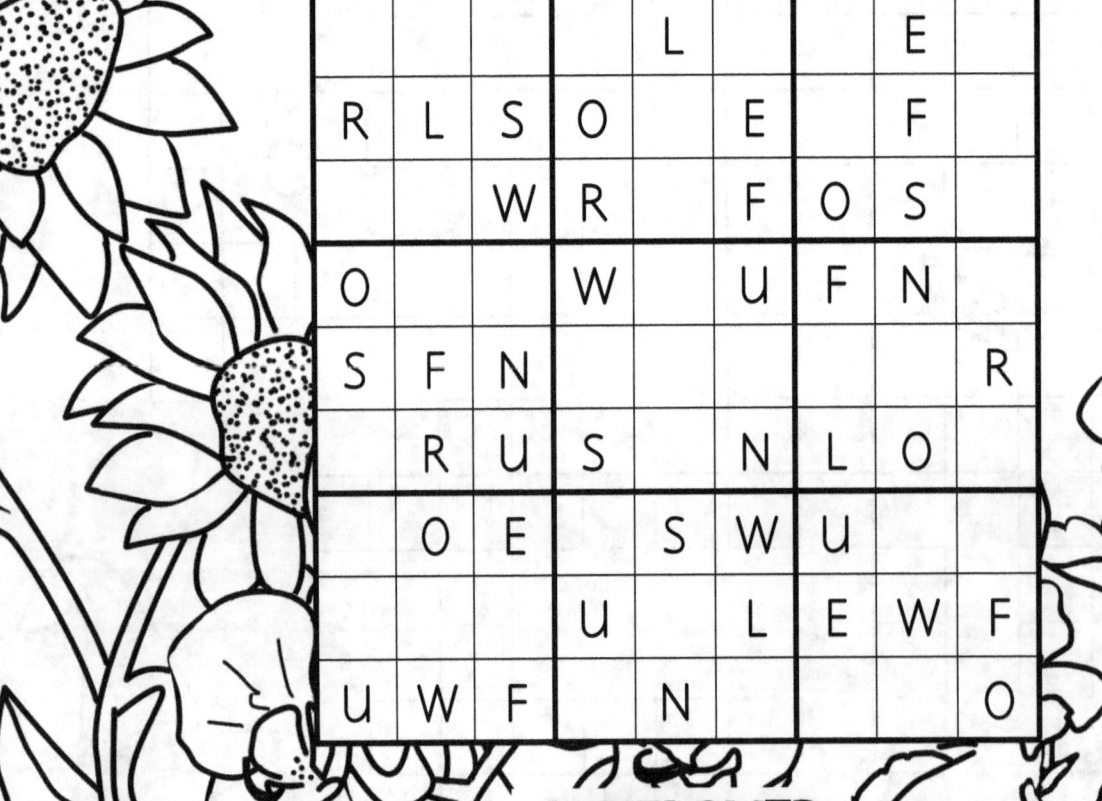

				L			E	
R	L	S	O		E		F	
		W	R			F	O	S
O			W			U	F	N
S	F	N						R
	R	U	S			N	L	O
	O	E		S		W	U	
			U		L	E	W	F
U	W	F		N				O

SUNFLOWER

Search for these SPORTS words that go forwards, backwards, up and down and diagonally. Letters can be used more than once.

```
C Y C L I N G W O P T S E N S B
R S K A T I N G N R E Q U I Q A
E N B G N I W O R G N I F R U S
C F K I R T T L A S N A O U A E
C O P L O N E F C H I M N G S B
O O C R I C K E T O S A E B H A
S T W M B A L O P C C N T Y M L
S B D C C E B A S K E T B A L L
H A N D B A L L O E A L A Z M I
B L I Z V O L L E Y B A L L Q P
O L O P S W I M M I N G L I R E
```

- Badminton
- Baseball
- Basketball
- Cricket
- Cycling
- Football
- Golf
- Handball
- Hockey
- Netball
- Polo
- Rowing
- Rugby
- Skating
- Soccer
- Squash
- Swimming
- Surfing
- Tennis
- Volleyball

COLOUR ME IN!

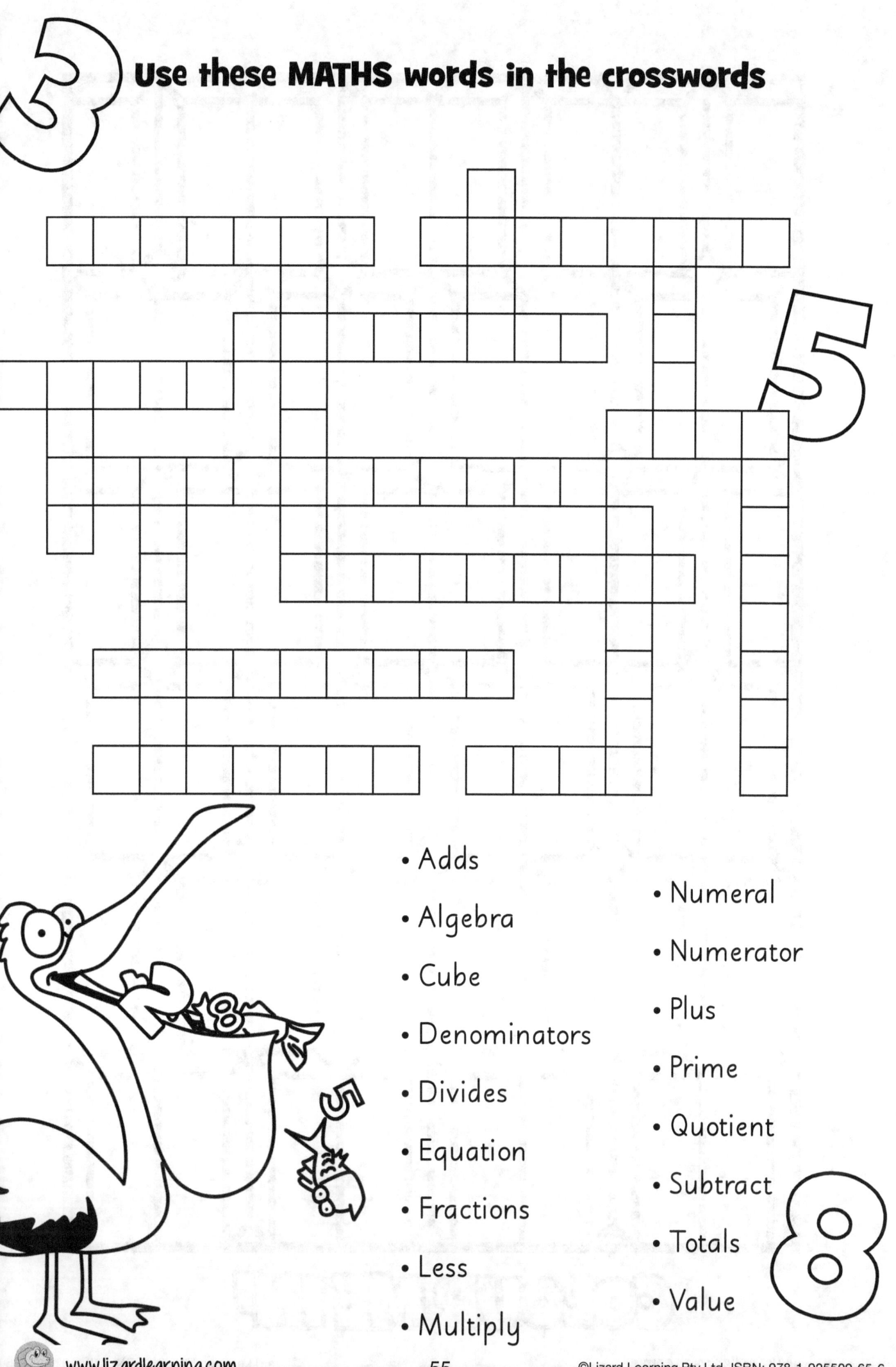

Use these MATHS words in the crosswords

- Adds
- Algebra
- Cube
- Denominators
- Divides
- Equation
- Fractions
- Less
- Multiply
- Numeral
- Numerator
- Plus
- Prime
- Quotient
- Subtract
- Totals
- Value

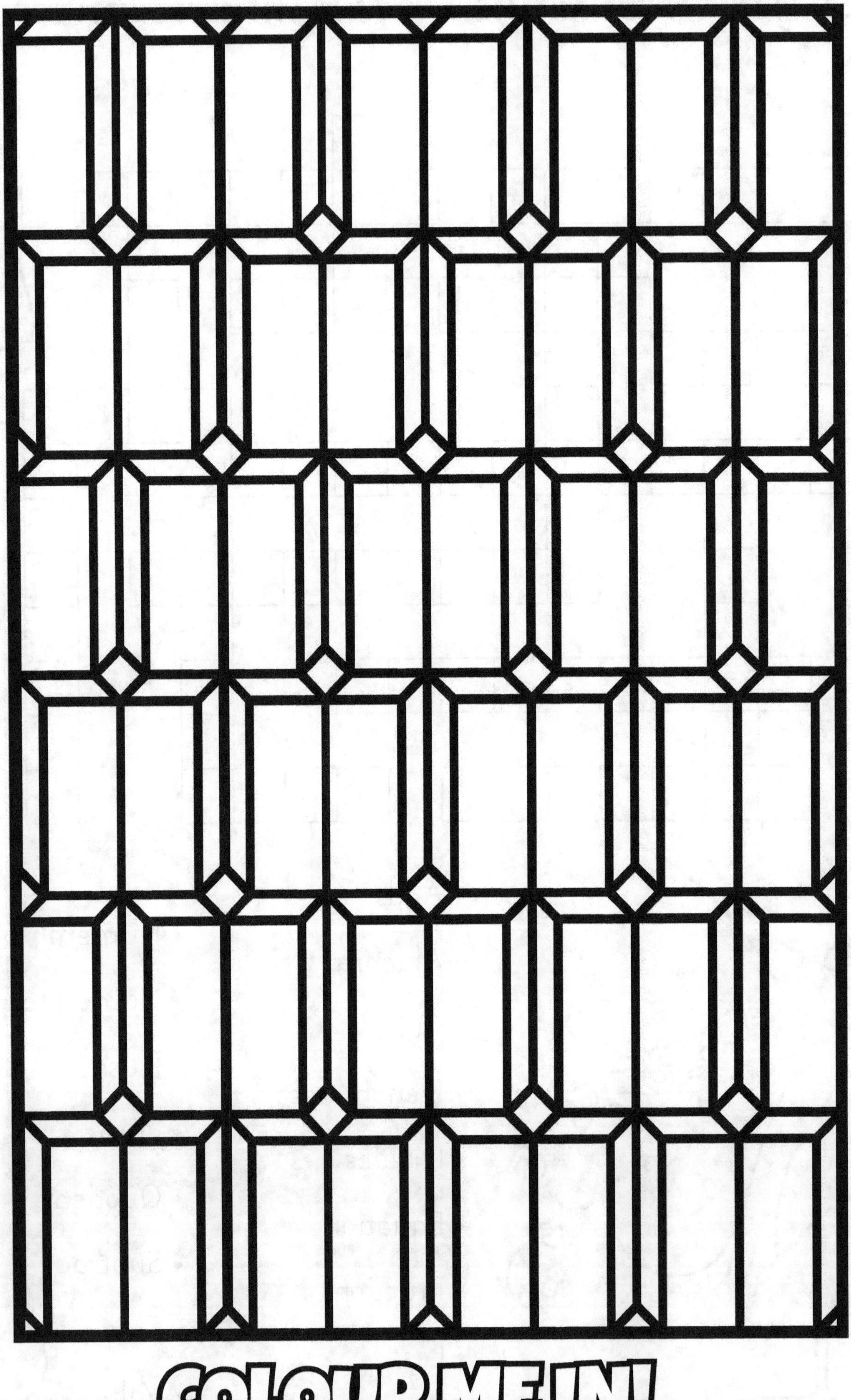

ANSWERS

FARM ANIMALS MATCH

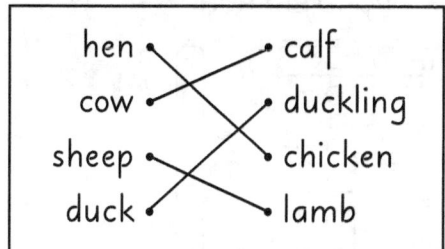

ANIMALS MISSING LETTERS

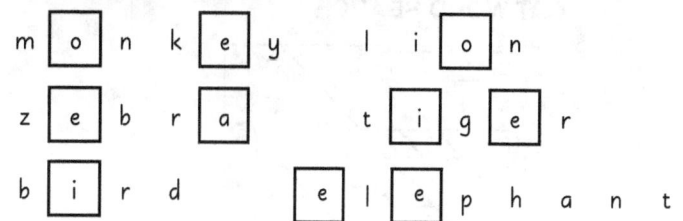

BEE WORD SEARCH

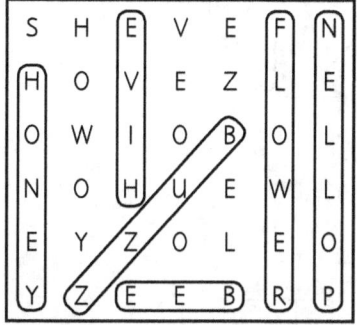

LET'S GO CROSSWORD

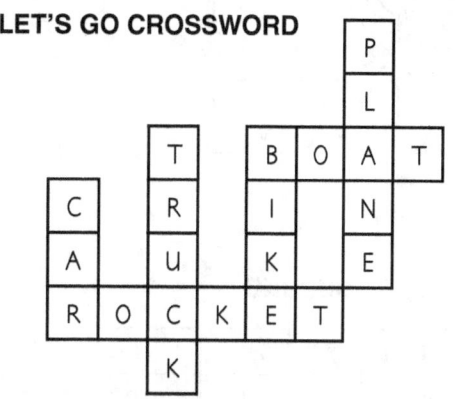

MY BODY WORD SEARCH

FROG WORD SEARCH

COLOUR CROSS WORD

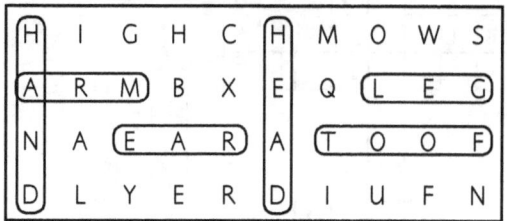

NUMBER UNJUMBLE

u r o f	f o u r
h r e t e	t h r e e
e v f i	f i v e
n o e	o n e
i x s	s i x

PENGUIN CROSSWORD

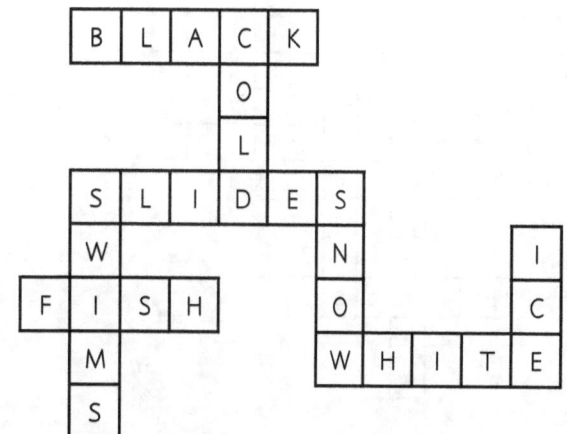

UNDER THE SEA WORD SEARCH

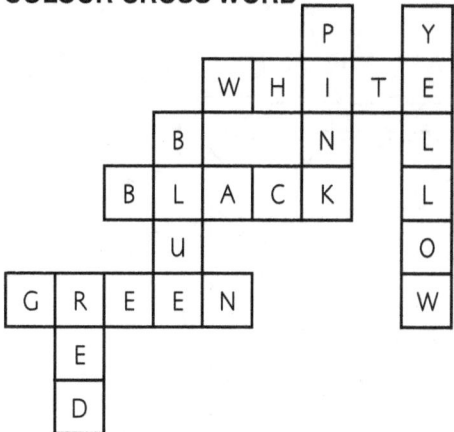

ANSWERS

CAT WORD SEARCH

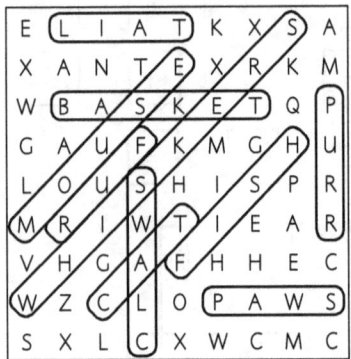

CHRISTMAS WORD SEARCH

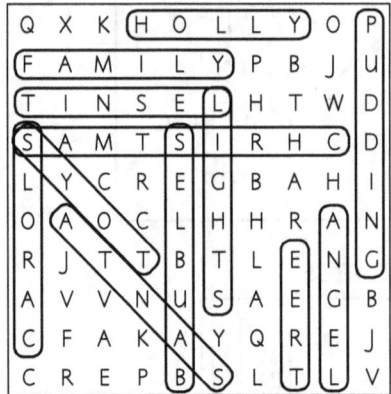

ANIMAL WORD SUDUKU

B	L	U	L
U	L	B	L
L	B	L	U
L	U	L	B

BULL

S	P	I	G
I	G	S	P
G	S	P	I
P	I	G	S

PIGS

E	D	O	K	Y	N
N	Y	K	O	D	E
K	O	Y	N	E	D
D	E	N	Y	O	K
Y	K	E	D	N	O
O	N	D	E	K	Y

DONKEY

PLANT CROSSWORD

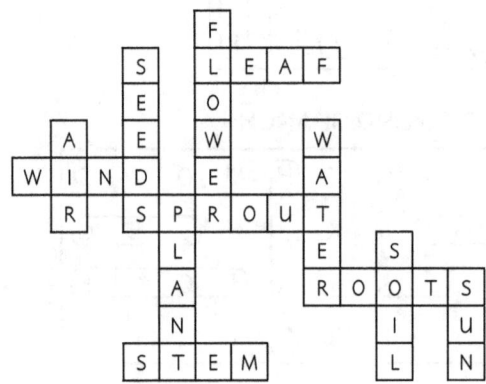

CIRCUS WORD SEARCH

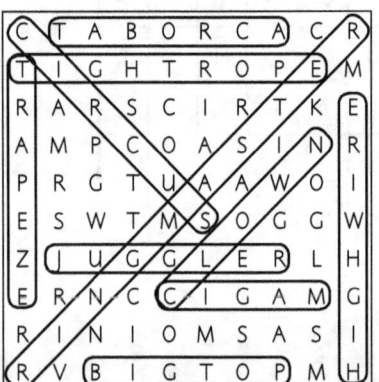

BIRTHDAY CROSSWORD

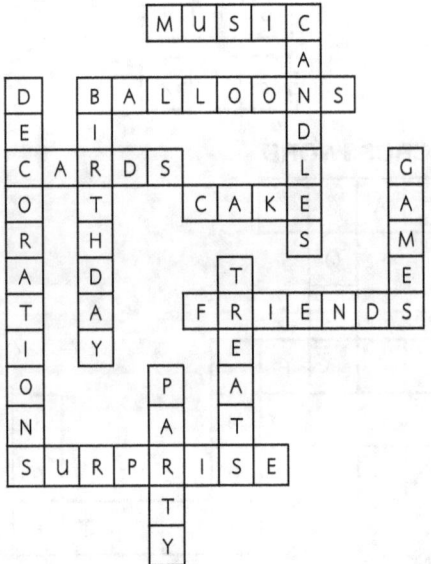

ANSWERS

ZOO CROSSWORD

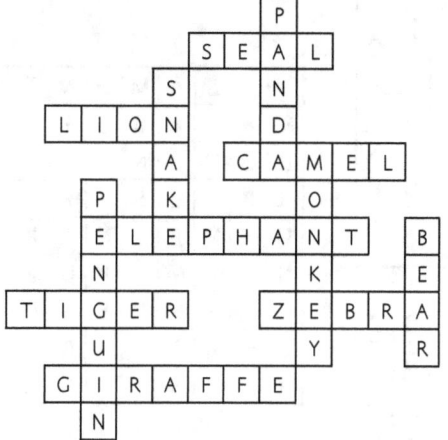

PIRATE CROSSWORD

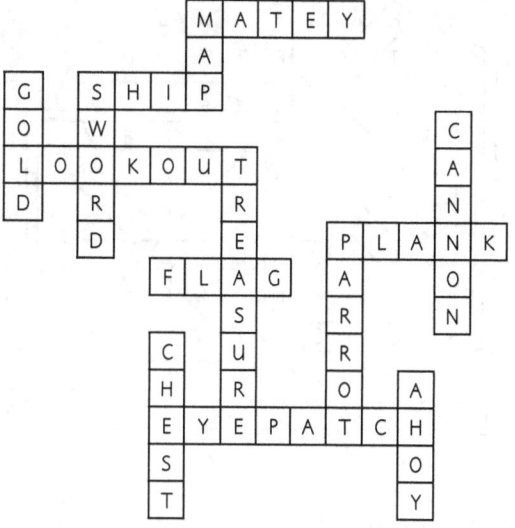

RECYCLE WORD SEARCH

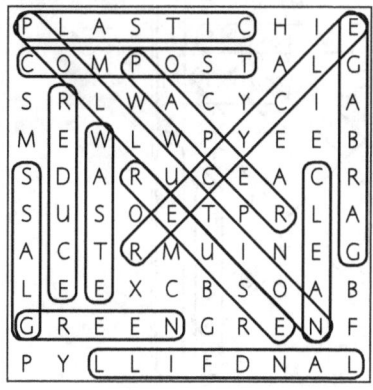

SPACE WORD SEARCH

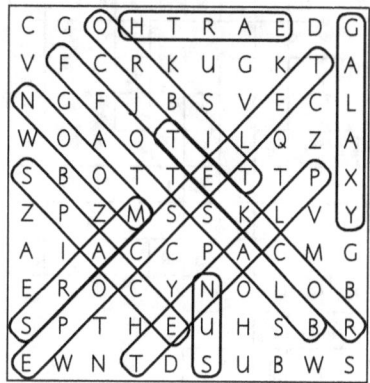

COLOUR WORD SUDUKU

PINK

BLUE

ORANGE

WEATHER CROSSWORD

ANSWERS

GEOMETRIC SHAPES WORD SEACH

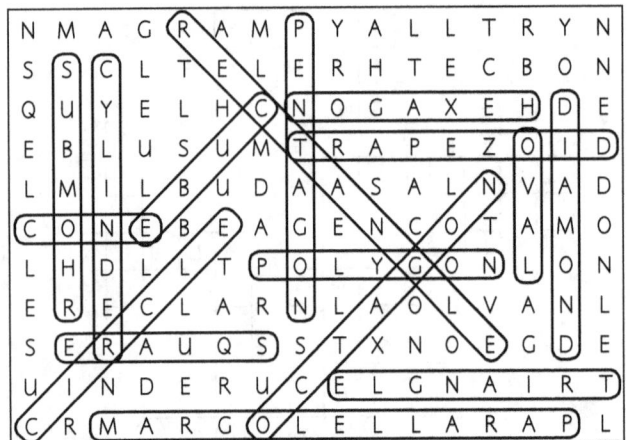

OCEAN WORD SUDUKU

U	A	L	N	H	C
H	C	N	U	L	A
N	U	H	A	C	L
C	L	A	H	N	U
L	H	U	C	A	N
A	N	C	L	U	H

LAUNCH

G	D	Y	N	I	H
I	H	N	Y	G	D
N	I	G	H	D	Y
D	Y	H	I	N	G
H	G	I	D	Y	N
Y	N	D	G	H	I

DINGHY

I	R	S	A	M	U	N	E	B
M	A	N	R	B	E	I	S	U
B	E	U	I	N	S	M	A	R
R	B	A	U	S	I	E	M	N
U	S	M	B	E	N	A	R	I
N	I	E	M	A	R	U	B	S
E	M	I	N	R	B	S	U	A
S	N	B	E	U	A	R	I	M
A	U	R	S	I	M	B	N	E

SUBMARINE

FRUIT CROSSWORD

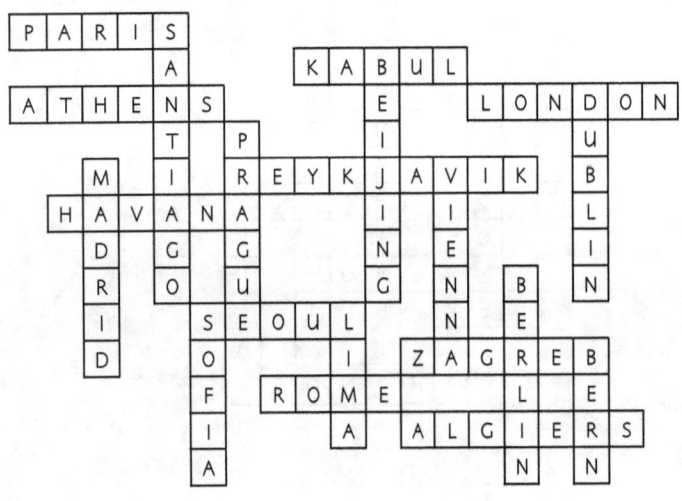

TENNIS WORD SEACH

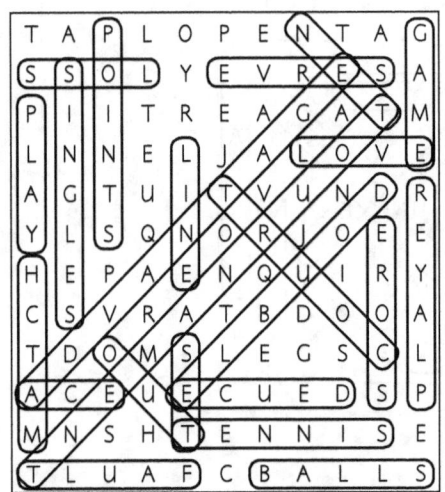

WORLD CAPITAL CITY CROSSWORD

COMPUTER CROSSWORD

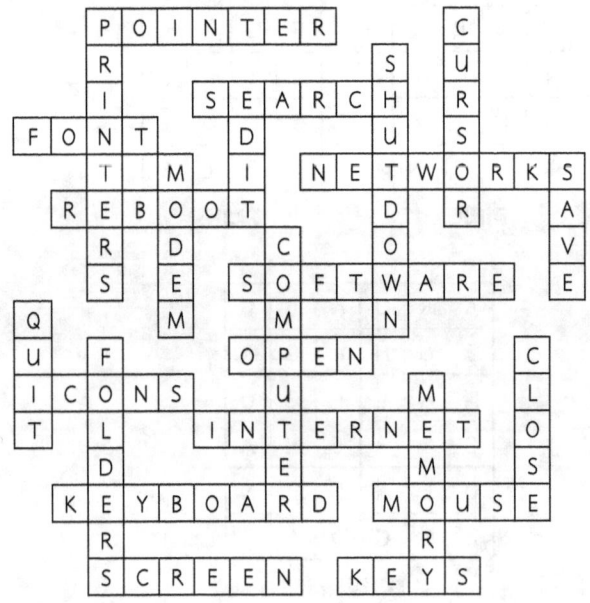

ANSWERS

PIZZA TOPPINGS WORD SEARCH

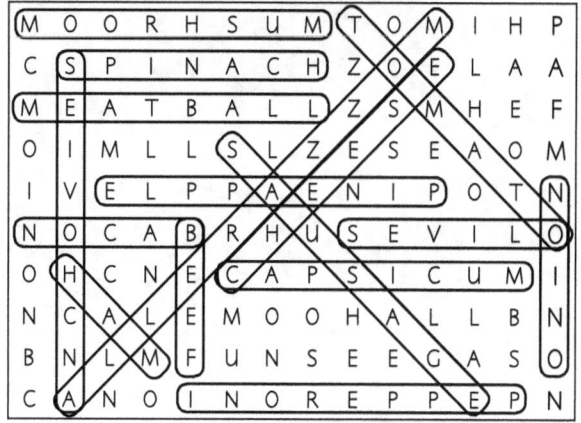

SPORTS WORD SEARCH

HAT CROSSWORD

										B	
S	T	E	T	S	O	N		C	A	P	
			O							U	
H	E	L	M	E	T		T	R	I	L	B Y
			B					K		Y	
D	E	R	B	Y		T	O	P	I		T
			E					I			U
D	E	E	R	S	T	A	L	K	E	R	R
			O					E			B
						P	A	N	A	M	A
	B		B			H		I			N
F	E	D	O	R	A			B			
	R		W		T	R	I	C	O	R	N
	E		L		A			A			
	T		E		T			T			
			R		B	O	N	N	E	T	
										R	

MATHS CROSSWORD

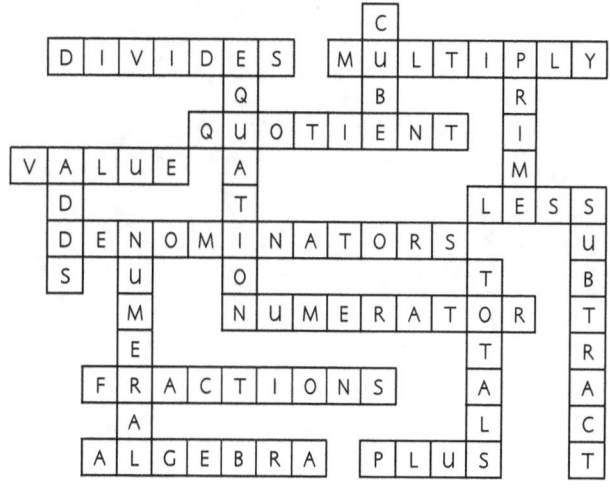

FLOWER WORD SUDUKU

E	V	I	L	T	O
O	T	L	I	V	E
L	I	T	O	E	V
V	E	O	T	I	L
T	L	E	V	O	I
I	O	V	E	L	T

VIOLET

C	R	O	H	D	I
D	I	H	C	O	R
H	C	D	R	I	O
I	O	R	D	H	C
O	D	C	I	R	H
R	H	I	O	C	D

ORCHID

F	U	O	N	L	S	R	E	W
R	L	S	O	W	E	N	F	U
E	N	W	R	U	F	O	S	L
O	E	L	W	R	U	F	N	S
S	F	N	L	E	O	W	U	R
W	R	U	S	F	N	L	O	E
L	O	E	F	S	W	U	R	N
N	S	R	U	O	L	E	W	F
U	W	F	E	N	R	S	L	O

SUNFLOWER

More Fun Resources

10 QUICK QUESTIONS A DAY

Our very popular flagship series providing 5 literacy and 5 numeracy questions every single day of the school year.

BOOTCAMP

RELIEF TEACHERS: 10 QUICK QUESTIONS A DAY - SURVIVAL GUIDE

series of resources designed to focus on essential Punctuation and Spelling skills.

Join the Lizard Learning CLUB

Receive free activities and teaching resources delivered direct to your inbox plus be the first to find out about new time saving tools for teachers and exclusive offers.

www.lizardlearning.com

www.ingramcontent.com/pod-product-compliance
Lightning Source LLC
Chambersburg PA
CBHW050715090526
44587CB00019B/3394